Für Anne

Andrea Lienhart

Auf Augenhöhe

Wie Sie ganz einfach mehr Respekt bekommen

Kösel

Die Autorin

© A.J. Schmidt

Andrea Lienhart lebt in Freiburg und arbeitet seit 1995 erfolgreich als Managementtrainerin für namhafte Unternehmen. Sie coacht Führungskräfte, begleitet Teams und Einzelpersonen, hält Vorträge und ist renommiertes Mitglied der Vereinigung Deutscher Spitzentrainer. Als Autorin ist sie an mehreren Bestsellern beteiligt. Seit Jahren untersucht sie das Thema Respekt im beruflichen und privaten Alltag und seine Wirkungen und Wechselwirkungen auf Menschen. Ihr Buch »Respekt im Job« ist ebenfalls im Kösel-Verlag erschienen.

→ www.andrea-lienhart.de

→ www.lien-art.de

Inhalt

Jch schwöre!

Sieben Wahrheiten über Respekt

1. **Alle Menschen wollen Respekt**
   Darin sind wir uns einig. Aber: Verstehen wir wirklich alle dasselbe darunter?
2. **Wir sind allesamt hin und wieder respektlos**
   Weil wir (noch) nicht perfekt sind. Und auch, weil manche Menschen es uns besonders schwer machen.
3. **Respekt ruft Respekt hervor**
   Ein respektvoller Umgang miteinander – und schon wird alles angenehmer und leichter. Das kennen Sie, oder?
4. **Wer sich selbst respektiert, ist stark**
   Ein JA zu sich selbst brauchen wir insbesondere, wenn uns kein Respekt entgegengebracht wird.
5. **Wer andere respektiert, ist klug**
   Weil auch das JA zu anderen Menschen unerlässlich ist, um ihn – oder sie – zu überzeugen und zu gewinnen.
6. **Respekt macht das Leben leichter**
   Und schöner. Und herzlicher. Und fröhlicher!
   → Mit einem Wort: lebenswerter.
7. **Respekt lässt sich lernen**
   Und wie? Das finden Sie auf den folgenden Seiten heraus!

Ihr größter Wunsch …?

Ob Ihr Großvater oder Ihre kleine Tochter, Ihr Nachbar, die Kollegin oder der Kellner im Café nebenan, wo und wer auch immer: Alle wollen Respekt! Vom Gefühl her scheint sofort klar, was mit »Respekt« gemeint ist – doch meinen wir alle auch dasselbe?
Es gibt Respekt, der sich von gleich zu gleich vollzieht, beispielsweise zwischen Arbeitskollegen. Auch was eine »Respektsperson« ist, weiß jeder – denn vom Respekt sprechen wir häufig im Zusammenhang mit Autoritäten. Man bringt dem Chef und der Chefin Respekt entgegen, aber Respekt gebührt durchaus auch Leuten, die wir als »untergeordnet« empfinden – einfach, weil sie Menschen sind. Jeder Mensch hat seine eigene Würde, die es zu respektieren gilt, denn für den Mangel an Respekt, für Respektlosigkeit, haben alle eine feine Antenne.
Der erste Schritt, um von anderen mehr Respekt zu bekommen, ist, Respekt vor sich selbst zu haben. Denn wie sollen andere Sie respektieren, wenn Sie es nicht tun? Für unser Selbst-Wert-Gefühl, das uns bei Respektlosigkeiten vor inneren Verletzungen schützt, und für unsere selbstbewusste Wirkung auf andere spielt der Respekt, den wir uns selber entgegenbringen, eine entscheidende Rolle.
Wie steht es damit bei Ihnen, liebe Leserin, lieber Leser? Respektieren Sie sich *selbst*?

Alle Menschen wollen

respect yourself

Das große JA zu sich selbst

Der Respekt uns selbst gegenüber ist das Fundament für gelungene Beziehungen und signalisiert anderen deutlich unsere Überzeugung, dass wir Respekt verdienen.

An manchen Tagen funktioniert es mit dem Selbst-Respektieren besser als an anderen. Manchmal sind wir rundum mit uns zufrieden. Nach einem geschäftlichen oder sportlichen Triumph beispielsweise. Am einfachsten ist es mit dem Selbst-Respekt, wenn wir den Respekt anderer spüren. In diesen Momenten sind wir unserer selbst gewiss. Aber ebenso wissen wir, dass das nicht immer der Fall ist. Was dann?

Den Respekt der anderen können wir fast immer gewinnen, indem wir ihnen von uns aus Respekt entgegenbringen. Insofern können Sie in Zukunft jede »kritische« Situation als Herausforderung begreifen, um sich in Sachen Respekt zu üben. Niemand behauptet, dass das immer leicht ist oder es eine Garantie gibt. Doch wenn wir anderen Respekt entgegenbringen, tun wir damit auch immer etwas für den Respekt vor uns selbst.

Selbstrespekt bedeutet Mitgefühl für sich selbst. Gnädig zu sein mit den eigenen Schwächen und sich zu verzeihen, nicht alles zu können. Manchmal sind wir ja selbst respektlos, z. B. wenn wir im Stress sind oder wenn uns jemand sehr verletzt. Wir sind alle *nicht* perfekt, leider.

Jch kann fast alles

Respekt vor den eigenen Stärken

Wie denken Sie eigentlich über sich selbst? Verblüffend viele Menschen sind sich darüber im Unklaren, wo ihre Stärken liegen. Gehören Sie auch dazu?

Je mehr Sie über sich selbst wissen, desto schneller können Sie erkennen, wer und was Ihnen guttut – und was nicht.

Überlegen Sie: Was können Sie hervorragend? Was geht Ihnen leicht von der Hand? Was schätzen andere Menschen an Ihnen? Was liegt Ihnen am Herzen? Worauf sind Sie stolz?

Ihr Selbstbewusstsein zeigt sich bei allem, was Sie sich zutrauen – nicht nur im Job, auch privat. Schreiben Sie einmal getrost alles auf, mindestens zwanzig Fähigkeiten, Talente oder positive Eigenschaften und auch alles, was Ihnen am Herzen liegt.

Wenn Sie sich Ihre Liste immer wieder einmal durchlesen, wird es Ihnen immer leichter fallen, Ihren eigenen Wert anzuerkennen und sich selber im Wortsinn wert-zu-schätzen.

Tipp: Legen Sie sich ein Erfolgsbuch an! Dort können Sie alles, was Ihnen gelingt, und alle schönen Rückmeldungen, die Sie »geschenkt« bekommen, sammeln und kontinuierlich ergänzen.

Das Geheimnis der Selbstfürsorge

Die Klarheit über eigene Stärken, Werte und Vorstellungen ist das eine im Hinblick auf ein respektvolles Miteinander. Das andere aber: *Behandeln* Sie sich selbst auch mit Respekt? Sorgen Sie gut für sich – oder sind Sie immer nur für andere da? Erlauben Sie sich Selbstfürsorge?

Überlegen Sie einmal: Wie verhalten Sie sich Ihrer besten Freundin oder Ihrem besten Freund gegenüber?

Vermutlich sind Sie gütig, verständnisvoll und tolerant und lassen ihre Freunde so sein wie sie sind. Sie verzeihen es, wenn sie Fehler machen und bauen sie auf, wenn sie es nötig haben.

Verhalten Sie sich doch einfach auch sich selbst gegenüber wie zu Ihrem besten Freund. Selbstfürsorge bedeutet, zu sich selbst genauso nett zu sein. Die Freundschaft zu uns selbst braucht genauso viel Pflege wie die Freundschaft zu anderen.

Je mehr Sie sich darin üben, freundlich und wohlwollend sich selbst gegenüber zu sein und gut für sich zu sorgen, desto besser werden Sie auch mit Respektlosigkeiten umgehen können. Weil Sie dann genau wissen, was Sie wert sind und dass Sie nicht von der Einschätzung anderer abhängen.

Probieren Sie's aus!

Wenn jeder
an sich selber denkt,
ist an alle gedacht.

Sim sa la bim
alles
weg!

Respekt ohne Hokuspokus

Manchmal wünschen wir uns, zaubern zu können. Da ist der respektlose Chef, der unfreundliche Kollege, die nervige Nachbarin …

Wie schön wäre es, einen Zauberspruch zu kennen, der sie allesamt verwandeln könnte! Wenn sie wenigstens *etwas* gefälliger wären, ach, das wäre gut!

Leider gibt es keinen solchen Zauber. Wir können die Schwierigkeiten aus unserem Leben nicht einfach wegzaubern. Und unangenehme Verhaltensweisen anderer auch nicht, leider! Wir können ihnen zwar sagen, was uns stört oder ärgert, und sie darum bitten, dieses oder jenes zu unterlassen … Ob sie sich jedoch *tatsächlich* verändern, entscheiden sie ganz alleine. Und *wenn* sie es tun, dann entscheiden sie auch, *wann* sie es tun.

Eines ist auf jeden Fall sicher: Auch die anderen wissen, wie gut es sich anfühlt, respektiert zu werden. Und deshalb färbt Respekt ab. Wenn Sie Ihre »schwierigen« Mitmenschen also konsequent freundlich und respektvoll behandeln – so schwer Ihnen das anfangs auch fallen mag –, dann werden sie nach einiger Zeit auch Ihnen Freundlichkeit und Respekt entgegenbringen. Wollen wir wetten?

Respekt ruft Respekt hervor. Das ist vielleicht kein Zauberspruch. Aber das Ergebnis ist zauberhaft.

Recht haben und recht bekommen

Oft wenden wir viel Zeit und Energie darauf, zu »klären«, wer in einer bestimmten Situation *recht* hat. Oder wer *schuld* an irgendetwas ist.
Oh, das ist anstrengend!
Wenn dann die Temperamente aufeinandertreffen und die Stimmen laut werden, geht der Respekt voreinander leicht verloren. Einerseits. Andererseits: Oft lässt sich überhaupt nicht eindeutig sagen, wer recht hat. Oder wer schuld ist. Niemand ist perfekt, wir alle machen Fehler. Viel weiser wäre es, der Schuldfrage nicht soviel Gewicht zu geben. Oder auf Rechthaberei gänzlich zu verzichten. Klar, eine Analyse ist nicht verkehrt. Doch selbst wenn klar ist, wer schuld hat und wer im Recht ist – hilft das immer weiter? Wie macht es denn das Navigationsgerät im Auto? Überschüttet es uns mit Vorwürfen, wenn wir falsch abgebogen sind? Überhaupt nicht! Es stellt fest, dass auf dem direkten Weg zum Ziel eine Abweichung aufgetaucht ist. Und berechnet die Route neu.
Wie sachlich! Wie effizient!
Sollte uns demnächst also wieder einmal im Hin und Her wechselseitiger Vorwürfe der klare Blick verloren gehen, dann ist es hilfreich, sich an den kleinen Navigator zu erinnern – da vorn im Auto. Sein Zielbewusstsein ist vorbildlich. Tun wir's ihm nach! Und bleiben wir – unter *allen* Umständen – respektvoll und sachlich!

Man muß die Schuld
auch mal beim anderen
suchen

Heraus aus der Opferrolle!

Es gibt viele Möglichkeiten, mit mangelndem Respekt umzugehen. Wir können uns ärgern, bemitleiden und als Opfer fühlen. Opfer sein ist recht angenehm: Wir müssen dafür nichts weiter tun, als auf den Trost unserer Umgebung zu hoffen und vor Selbstmitleid zu zerfließen.

Erwachsen ist dieses Verhalten allerdings nicht!

Ob wir uns nun als Opfer vorkommen oder nicht, hängt von uns selber ab. Nur von uns! Niemand kann uns vorschreiben, leiden zu müssen, wenn wir das nicht möchten.

Schauen Sie sich einmal Kinder an! Manche von ihnen weinen herzzerreißend, wenn sie hinfallen, einige kapitulieren, andere sind sogleich wieder auf den Beinen und rennen aufs Neue los. Und manche lachen schon beim Hinfallen über sich selbst. Kinder reagieren meist umittelbar. Erwachsene hingegen haben die Wahl zwischen verschiedenen Reaktionsweisen. Auch Sie haben die Wahl!

Respektlosigkeiten wird es immer geben. Aber Sie *müssen* kein Opfer sein. In einer Respektlosigkeit könnten Sie eine Herausforderung sehen, die Ihnen viele Möglichkeiten gibt zu reagieren.

Manche Menschen sind *gerne* Opfer. Und Sie?

Ich kann nix dafür!

hin-
~~zu~~hören

Die Kunst des Hinhörens

»Der Mensch hat zwei Ohren und nur einen Mund«, sagt ein dänisches Sprichwort. Das bedeutet: Wir sollten eigentlich doppelt so viel hören wie sprechen.

Im *Hin*hören zeigt sich eine besondere Form des Respekts. *Hin*hören heißt (im Gegensatz zum bloßen *Zu*hören): Hören mit voller Zuwendung, in einer freundlichen, offenen, neugierigen, respektvollen Haltung dem anderen gegenüber: »Was will mein Gegenüber mir *eigentlich* sagen?«

Das *Hin*hören ist ein grenzenloses Abenteuer. Auf einmal bemerken wir all die feinen Signale, die uns sonst entgehen. Wir sind mit allen Sinnen auf Empfang gestellt: War da ein Flattern in der Stimme, eine winzige Unsicherheit? Hat sich der Atem meiner Gesprächspartnerin eben einen Moment lang verändert? Und diese kleine Pause – was drückt sie aus? Unsicherheit oder Angst? Überraschung oder Freude?

Nichts gibt uns so intensiv das Gefühl, respektiert und wertgeschätzt zu werden, als wenn jemand aufmerksam und zugewandt *hin*hört, was wir zu sagen haben. Wir fühlen uns ernst- und angenommen und unser Vertrauen wächst. Und wir spüren genau, wie sehr Respekt und Vertrauen miteinander zusammenhängen.

Zeit für eine neue Brille

Der griechische Philosoph Epiktet hat einmal gesagt: »Nicht die Dinge sind es, die uns unglücklich machen, es ist unsere Sicht der Dinge.« Die Fähigkeit, die Perspektive zu wechseln und sich in eine andere Person hineinzuversetzen, ist eine Grundvoraussetzung, um ein gutes und respektvolles Miteinander herstellen zu können. Wir alle haben unterschiedliche Sichtweisen. Kein Blickwinkel ist der letztgültige. Jeder von uns erfasst nur Einzelheiten von der Welt – und erst in ihrer Gesamtheit ergänzen sich diese zu einem vollständigen Bild.

Wenn wir uns über die Unzulänglichkeiten anderer ärgern, dann ärgern wir uns im Grunde über die Verschiedenartigkeit der Menschen. Der andere hat sicherlich – aus seiner Sicht – einen guten Grund für sein Verhalten. Wir können uns dann in unser Gegenüber hineinversetzen: »Ich bin jetzt erst mal einfach neugierig, vielleicht komme ich ihm ja auf die Spur.«

Sie können sich auch gedanklich mit einem »unbeteiligten Dritten« beraten. Etwa so: »Mal angenommen, Pippi Langstrumpf (oder mein bester Freund, meine Großmutter etc.) würde mich beraten – was würde sie mir empfehlen?« Solche Vorstellungen verändern nicht nur die Perspektive, sie weiten auch den Blick, machen Spaß und unterstützen uns dabei, mit Respekt auf die anderen zu schauen.

Perspektiven-
wechsel

Die Lösung

ist in dir

Auf die innere Stimme hören

Manchmal tun wir eine ganze Menge, um den Respekt anderer zu gewinnen. Wir richten sehr viel Energie nach außen, rackern uns ab, bemühen uns mit aller Kraft um eine gute Lösung – und kommen trotzdem nicht weiter.

Was tun? Probieren Sie doch einmal, eine Lösung ohne fremde Hilfe zu finden. Aus sich selber heraus, ohne äußeren Aufwand.

Wie das geht? Ganz einfach: Indem Sie still werden und nach innen gehen. Und indem Sie darauf vertrauen, dass die Antwort auf alle Fragen schon vorhanden ist, dass sie in Ihrem Inneren schon für Sie bereitliegt.

Suchen Sie dafür am besten einen Platz auf, an dem Sie ungestört sind. Kommen Sie zur Ruhe. Lassen Sie all Ihre Gedanken los und formulieren Sie Ihre Frage – laut oder leise. **Und dann warten Sie einfach ab.** Bleiben Sie eine Zeitlang in der Stille und vertrauen Sie darauf, dass eine Antwort, ein Impuls, ein Fingerzeig Sie erreichen wird.

Vielleicht werden Sie erstaunt sein, wie nahe die Lösung liegt. Gewiss aber werden Sie voller Respekt auf sich selber schauen: Was für ein Potenzial an Kräften und Möglichkeiten Sie in sich tragen! Ein Potenzial, das Sie jederzeit und überall – auf stille Art, ganz ohne Anstrengung – für sich nutzen können. Haben Sie eigentlich Respekt davor, dass es Dinge gibt, die im Stillen für Sie da sind und Ihnen Gutes tun?

Bis hierher und nicht weiter!

Sie wollen, dass die Menschen aufhören, Sie respektlos zu behandeln? Dann ist es an der Zeit zu lernen, wie man sich Respekt verschafft. Zum Beispiel mit einem Stopp-Signal.

Was bedeutet das für Sie in einer konkreten Situation, in der Sie auf eine Respektlosigkeit reagieren müssen?

Sie können zum Beispiel erst einmal tief Luft holen. Suchen Sie den Blickkontakt und setzen Sie sich aufrecht hin. Vielleicht stehen Sie sogar auf. Dadurch signalisieren Sie zusätzlich über die Körpersprache, dass gerade »etwas« geschehen ist. Ihr Gegenüber hat dadurch die Möglichkeit zu begreifen, dass es sich gerade eine Respektlosigkeit geleistet hat. Und Sie selbst können entscheiden, wie Sie reagieren wollen. Etwa durch die Frage: »Was genau ist der Hintergrund Ihrer Bemerkung?« Oder auch, in ganz ruhigem Tonfall: »Ich möchte nicht, dass Sie so mit mir sprechen. Das führt zu nichts!« Damit setzen Sie – freundlich, aber bestimmt – ein eindeutiges Stopp-Zeichen.

»Tempo raus!« ist das beste Mittel, um eine aufgeladene Situation zu entschärfen. Damit machen Sie zunächst einmal nichts falsch. Vielmehr bewahren Sie dadurch Ihre innere Ruhe, um aus einer respektvollen Position heraus reagieren zu können – idealerweise so, dass es anschließend keine Verlierer gibt.

Sich Respekt verschaffen

Nein sagen ohne schlechtes Gewissen

Ein freundliches Nein wird von den meisten Menschen gut weggesteckt – und verschafft Ihnen Respekt. Sie brauchen kein schlechtes Gewissen zu haben, wenn Sie »nein« sagen, und keine Angst, anschließend nicht gemocht zu werden.

Um richtig zu wirken, muss Ihr Nein unmissverständlich sein. Also ohne »eigentlich« oder »vielleicht«, ohne Ausreden und Rechtfertigungen. Verwässern Sie die Eindeutigkeit Ihres Neins nicht durch eilfertig nachgeschobene Verbindlichkeiten.

Begründen sollten Sie Ihr Nein, wenn möglich, allerdings – sonst könnte es willkürlich erscheinen. Eine kurze Erklärung hilft Ihrem Gegenüber, Ihre Ablehnung einzuordnen und anzunehmen.

Sie können sogar »Nein« sagen, indem Sie »Ja« sagen.

Wie das geht?

Beispiel: Jemand fragt Sie: »Verzeihung, könnten Sie mir bitte mal kurz – es geht wirklich schnell – mit etwas helfen?« Dann sagen Sie Nein, aber nicht wortwörtlich; denn Ihre Antwort ist freundlich und positiv: »Ja, das mache ich gern, Frau Schneider. Ich bringe nur noch meine Aufgabe zu Ende, das dauert noch eine halbe Stunde, dann bin ich für Sie da.«

Eine solche Antwort ist äußerst verbindlich, respektvoll und höflich – und trotzdem ein glasklares Nein.

Nö!

da
rein
da
raus

Von der Kunst, sich abzugrenzen

Respekt können Sie manchmal schlicht dadurch beweisen, dass Sie nicht alles an sich heranlassen. Zum Glück haben wir ja *zwei* Ohren: Eins für rein und eins für raus.

Wenn der Nachbar schimpft, die Kollegin stichelt oder ein Verkehrsteilnehmer pampig wird: Lassen Sie sich dadurch nicht Ihre gute Stimmung verderben. Sie haben jederzeit die Möglichkeit – ja, sogar das Recht! –, darüber hinwegzusehen. Stellen Sie sich einfach vor, dass die Respektlosigkeiten durch Sie hindurchfließen wie durch eine offene Wasserleitung, ohne irgendwelche Spuren bei Ihnen zu hinterlassen …

Diese innere Balance hilft Ihnen, bei all dem den Respekt vor Ihrem Gegenüber aufrecht zu erhalten – selbst wenn Sie die Person nicht mögen. Einfach durch freundliche Distanz. Nach dem Motto: »Du bist du – und ich bin ich! Wir sind es beide wert, respektiert zu werden.«

Das spart nicht nur eine ganze Menge Kraft. Sie respektieren damit auch den Umstand, dass Sie es nicht allen recht machen können – einfach, weil die Wertvorstellungen der Menschen oft unterschiedlich und unvereinbar sind.

Mutig sein

Die Fähigkeit, sich Respekt zu verschaffen, setzt voraus, dass wir uns über uns selbst im Klaren sind. Manchmal müssen wir gegenüber anderen Menschen – z.B. Freunden, Kollegen oder der Chefin – einen eigenen Standpunkt deutlich machen. Und nicht immer ist ein Kompromiss möglich.

Das erfordert Mut!

Mut, sich Auseinandersetzungen zu stellen und auch unangenehme Dinge beim Namen zu nennen. Mut, die »Komfortzone« zu verlassen.

Der Alltag bietet Herausforderungen aller Art, kleinere und größere, an denen Sie – wie ein Sportler im Training – Ihren Mut erproben können. Trainieren Sie nur, wenn Sie sich in einer guten Verfassung fühlen. Dabei lernen Sie nach und nach, wie man sich Respekt verschafft. Doch handeln Sie, bitte, immer aus der Haltung heraus: »Klar in der Sache *und* respektvoll zum Menschen!«

Etwa gegenüber einem Kellner, dem Sie mitteilen: »Die Suppe war prima, doch das Gemüse leider zu weich.« Oder gegenüber der unfreundlichen Kassiererin im Supermarkt oder einem anderen Kunden, der sich vordrängelt. Dabei können Sie üben, den Blickkontakt zu halten und mit fester Stimme zu sprechen.

Schon nach kurzer Zeit werden Sie sich immer mehr zutrauen. Probieren Sie's aus!

Trau dich!

Bist du wütend,
zähl bis vier,
hilft das nicht,
dann explodier!

W. Busch

Ärger und Wut loswerden

Es wäre ungesund, Ärger immer herunterzuschlucken. Wut ist normal. Gelegentlich *müssen* wir uns entladen – schon aus Gründen des Selbstrespekts. Das Problem ist bloß: Wer sich seiner Wut vor anderen entledigt, wirkt überhaupt nicht mehr souverän, sondern läuft Gefahr, dass die anderen jeglichen Respekt vor ihm verlieren.

Was tun? Sobald wir spüren, dass etwas in uns brodelt, sollten wir uns – wenn möglich sofort – aus der geladenen Situation zurückziehen. Im Auto oder im Wald schadet es nichts, wenn wir uns Luft machen und ungehemmt schimpfen und schreien. Gut ist es auch, sich in Bewegung zu setzen: Einen Spaziergang machen, Sport treiben, das Treppenhaus rauf und runter rennen, die Küche schrubben, den Vorgarten umgraben – das leitet Energie in sinnvolle Kanäle und macht den Kopf wieder frei, um die Situation mit größerer Ruhe beurteilen zu können.

Und wenn wir uns nicht zurückziehen können? Dann hilft es, sich auf seinen Atem zu konzentrieren oder rückwärts zu zählen ... Diese inneren Stoppsignale ermöglichen es uns, uns zu sammeln. Dann können wir unserem Gegenüber ruhig zu verstehen geben: »Wir reden später darüber.«

Buddha sagte: »Am Ärger festzuhalten, heißt, glühende Kohlen in die Hand zu nehmen, um damit zu werfen. Du selbst bist es, der sich verletzt.«

Entschuldigungen sind heilsam

Da niemand von uns fehlerfrei ist, gehören Entschuldigungen zum A und O des Umgangs miteinander. Sie gehen mit einer gewissen charakterlichen Großzügigkeit einher und dokumentieren den grundsätzlichen Respekt vor der Persönlichkeit des anderen.

Was eine Salbe oder ein Pflaster für den Körper tun, leisten Entschuldigungen für die Seele. Unschöne Worte oder Taten können zwar nicht ungeschehen gemacht werden, doch wenn das Verhältnis zwischen zwei Menschen in Schieflage geraten ist, können *beide gemeinsam* dafür sorgen, dass es wieder geradegerückt wird. Die Worte »Entschuldigung!« oder »Es tut mir leid« bauen Brücken des Respekts.

Was halten Sie von folgendem Vorgehen: Sie sind verletzt worden, aber Sie beharren nicht um jeden Preis darauf, recht zu haben. Vielmehr überraschen Sie den anderen durch freundliches, respektvolles Verhalten. Das heißt, der Bitte um Entschuldigung *zuvor*zukommen und bewusst einen Schritt auf den anderen hinzuzugehen – also *aktiv* die Verantwortung für ein gutes Miteinander zu übernehmen.

Wir wissen es längst: Die schönsten »Zuwendungen«, die wir erhalten, haben nichts mit Geld zu tun. Sondern mit dem Zugewandtsein eines anderen Menschen. Es ist im Grunde ganz einfach: Auch wenn Schenken nichts kostet, kann es reich machen.

Tschuldigung!

Danke schön

»Danke« – die schönste Form des Respekts

Machen Sie Respekt zu Ihrem persönlichen Markenzeichen. Fragen Sie sich täglich, welchen Beitrag Sie heute leisten können, um Respekt in Ihrem Alltag *konkret* zu leben. Manchmal sind das ganz einfache Verhaltensregeln wie zum Beispiel im Vorbeigehen zu grüßen oder um Verzeihung zu bitten.

Oder »bitte« oder »danke« zu sagen.

Doch erstaunlich viele Menschen scheinen damit Schwierigkeiten zu haben. Denn dass Dankesworte ausbleiben oder in falscher Bescheidenheit abgewehrt werden – das können wir täglich beobachten. Am Ende gar bei uns selbst?

Man muss nur einmal hinhören, was Menschen sagen, wenn man ihnen dankt. Viele sagen: »Kein Problem« oder »Passt schon« oder »Schon recht«. Alles einschränkende Äußerungen! Was ist die beste Antwort, um auf empfangenen Dank zu reagieren? Richtig: »Gern geschehen!«

Dank kostet nichts. Wir sollten ihn aus vollem Herzen verschenken, lieber einmal zuviel als einmal zu wenig. Und Danken ist die schönste Form, im Alltag Respekt auszudrücken. Am besten, Sie machen gleich ein Hobby daraus!

Vom Optimismus

»Das Glück deines Lebens hängt von den Gedanken ab, die du denkst«, hat Marc Aurel einmal gesagt.

So ist es! Ob wir zuversichtlich in die Welt hinausblicken, ob wir die anderen Menschen und uns selbst mit Respekt behandeln, ob wir JA zum Leben sagen: Das ist eine Frage unserer ureigensten Entscheidung – mehr als uns gewöhnlich bewusst wird.

Daher zum Abschluss eine kleine Geschichte: Eine alte Indianerin saß mit ihrer Enkeltochter am Lagerfeuer, die Flammen schlugen zum Himmel, die Nacht war schön und voller Sterne. Nach einer Weile sagte die alte Frau: »Manchmal ist es mir, als ob da zwei Wölfe in meinem Herzen streiten würden. Der eine Wolf ist grausam, gehässig und respektlos; er nimmt mir allen Mut. Doch der andere ist freundlich, respektvoll, mitfühlend und zuversichtlich.« »Welcher der beiden Wölfe wird den Kampf um dein Herz gewinnen?«, fragte das Mädchen. »Der Wolf, den ich füttere«, antwortete die Alte.

Füttern Sie den richtigen Wolf. Und seien Sie gnädig mit sich selbst! Respekt ist eine lebenslange Aufgabe. Wenn Sie sich das vor Augen halten, dann können Sie sich über jede Gelegenheit freuen, bei der Sie die Empfehlungen aus diesem Buch in der Praxis ausprobieren und trainieren können. Dafür wünsche ich Ihnen Gelassenheit, Mut und ein gutes Gelingen!

Man muss
mit **allem** rechnen.

Auch
mit
dem
Guten.

MIX
Papier aus verantwortungsvollen Quellen
FSC® C011124

Verlagsgruppe Random House FSC® N001967

in der Verlagsgruppe Random House GmbH
Neumarkter Straße 28, 81673 München
Umschlag: Weiss Werkstatt, München
Illustrationen: Andrea Lienhart
Druck und Bindung: Mohn Media GmbH, Gütersloh
Printed in Germany
ISBN 978-3-466-34634-9
www.koesel.de

Dieses Buch ist auch als E-Book erhältlich.